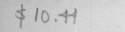

Un día de trabajo

Animador

Blanca Apodaca
Michael Serwich

Consultores

Timothy Rasinski, Ph.D.
Kent State University

Lori Oczkus
Consultora de alfabetización

Paula Spence
Directora artística, Cartoon Network

Basado en textos extraídos de *TIME For Kids*. *TIME For Kids* y el logotipo de *TIME For Kids* son marcas registradas de TIME Inc. Utilizados bajo licencia.

Créditos de publicación

Dona Herweck Rice, *Jefa de redacción*
Conni Medina, *Directora editorial*
Lee Aucoin, *Directora creativa*
Jamey Acosta, *Editora principal*
Courtney Patterson, *Diseñadora*
Stephanie Reid, *Editora de fotografía*
Rane Anderson, *Autora colaboradora*
Rachelle Cracchiolo, *M.S.Ed., Editora comercial*

Créditos de imágenes: págs. 17 (abajo derecha), 24, 24–25, 28 (derecha), 34–35, 45, 61, Alamy; pág. 25 (abajo) Associated Press; pág. 16 (abajo izquierda) Bridgeman Art Library; págs. 20–21, 33, 37–38 Corbis; pág. 51 Vancouver Film School/Flickr; págs. 7–8, 10–11, 16 (arriba derecha), 18–19, 28 (izquierda), 28–31, 42, 52–53, 63 Getty Images; págs. 12, 17 LOC [LC-DIG-ppmsc-02839]; págs. 17 (arriba izquierda), 30, 47 (abajo) Newscom; pág. 14 ccostas@sacbee.com/Newscom; págs. 2–3, 21 (abajo), 44–45 EPA/Newscom; pág. 46 ITAR-TASS/Newscom; págs. 18, 35 KRT/Newscom; pág. 49 Lucas Film/20th Century Fox/Album/Newscom; pág. 57 MCT/Newscom; págs. 32–33, 54–55 REUTERS/Newscom; pág. 20 Nate Beckett/Splash News/Newscom; págs. 45–46 ZUMA Press/Newscom; págs. 9, 15–16, 26–27, 32–33, 40–41, 43 (ilustraciones) Timothy J. Bradley; págs. 6, 13 Dominio público, vía Wikimedia Commons; todas las demás imágenes de Shutterstock.

Teacher Created Materials

5301 Oceanus Drive
Huntington Beach, CA 92649-1030
http://www.tcmpub.com

ISBN 978-1-4333-7140-0

TABLA DE CONTENIDO

HISTORIA DEL ARTE

Suele decirse que una imagen vale más que mil palabras. ¿Qué significa esto? Las imágenes nos hablan del pasado, el presente y el futuro. Nos hablan de la vida. Nuestra fascinación por el arte se remonta a las primeras pinturas rupestres de animales.

Hoy en día, para contar una historia, nos servimos de bastante más que una imagen en la pared de una cueva. Las historias animadas se componen de miles de imágenes. En lugar de una imagen fija, los artistas dibujan muchas imágenes. Una serie de imágenes puede mostrar a alguien que toma un arco, lanza una flecha y la ve volar por el bosque hasta que hiere a un monstruo. Algunas imágenes en movimiento se componen de fotografías tomadas con una cámara. Los animadores también pueden dibujar o pintar historias a mano o por computadora. Con trazos y colores, se da vida a los personajes. Contar historias a través de imágenes es una manifestación artística antigua que sigue encantando al público de todo el mundo.

"EL DIBUJO HA SIDO PRÁCTICAMENTE LO MISMO DESDE LA PREHISTORIA. UNE AL HOMBRE CON EL MUNDO. VIVE A TRAVÉS DE LA MAGIA".
—KEITH HARING, ARTISTA

PARA PENSAR

- ¿Cómo cuentan historias los animadores a través de imágenes en movimiento?

- ¿Qué habilidades se necesitan para ser un buen animador?

- ¿Por qué les gustaría ser animadores?

HISTORIAS QUE GIRAN

Muchas mentes creativas y sus ingeniosos inventos han hecho posible la magia del cine que disfrutamos en la actualidad. El **zoótropo** llegó antes de la generalización de la electricidad. Se inventó en la década de 1880 y fue una de las primeras máquinas que produjeron imágenes en movimiento. El zoótropo contenía una tira de imágenes en un cilindro. Cada imagen era ligeramente distinta a la siguiente. El cilindro tenía una hilera de ventanitas. El espectador giraba el zoótropo y miraba a través de ellas. Con un giro de muñeca, la imagen parecía cobrar vida. El zoótropo fue una de las primeras maneras de presentar una historia corta que podía verse una y otra vez.

Uno de los primeros zoótropos se fabricó en China hace casi 2,000 años. Se llamaba *chao hua chich kuan*. Esta expresión puede traducirse como "el tubo que hace aparecer las fantasías".

Dentro de un zoótropo

Una serie de dibujos muestran a un personaje que cambia de postura ligeramente en cada imagen.

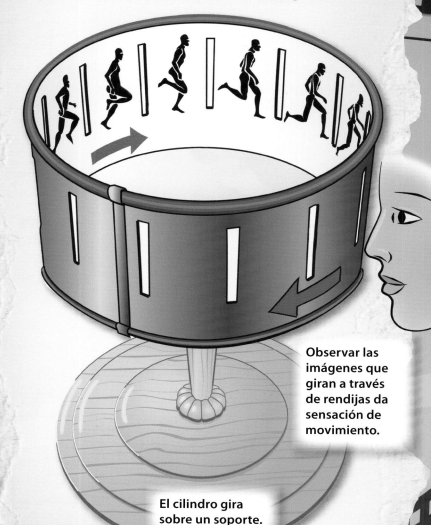

Observar las imágenes que giran a través de rendijas da sensación de movimiento.

El cilindro gira sobre un soporte.

FOLIOSCOPIOS

El primer **folioscopio** fue **patentado** en 1868. El concepto era similar al de un zoótropo, pero más pequeño. Los folioscopios se componen de una serie de imágenes. Cada una se dibuja en una hoja de papel distinta. La idea es que cada dibujo sea ligeramente diferente al anterior. Los dibujos se amontonan en orden y se pasan rápidamente. Al pasar rápidamente, las imágenes parecen moverse.

Imágenes mentales

Cuando uno cierra los ojos tras observar la llama de una vela, sigue "viéndola" mentalmente. Esto se denomina *persistencia de la visión*. El mismo efecto hace que las imágenes del folioscopio parezcan moverse.

El *filoscope* es uno de los primeros ejemplos de folioscopio.

Creen el suyo

Cualquiera puede hacer un folioscopio. Solo se necesita papel, algo con lo que dibujar y mucha imaginación.

1. **Dibujen un personaje sencillo en 10 posturas ligeramente distintas.**

2. **Recorten las imágenes.**

3. **Organícenlas en orden de arriba abajo.**

4. **Grapen el lado izquierdo del montón.**

5. **Pasen las imágenes rápidamente con el pulgar derecho.**

GIRAR LA MANIVELA

Hoy en día, tomar una fotografía o grabar una película es tan fácil como apretar un botón. No siempre ha sido tan sencillo. El desarrollo de las cámaras de video modernas llevó más de 100 años.

En el laboratorio de Thomas Edison, se inventó una versión temprana de la cámara de video alrededor de 1891. El **cinetógrafo** exigía que alguien girase una manivela para que la película pasase por la cámara. A medida que la película se movía, el obturador se abría y se cerraba y tomaba fotografías. Después, podía verse el resultado en un **cinetoscopio**. Cuando se pasaban rápido, las fotografías daban sensación de movimiento.

proyector de 1895

¡Corran!

Llegada de un tren a la estación de La Ciotat fue un corto que hicieron los hermanos Lumière en 1895. En él, un tren llegaba a una estación. Cuando la película se proyectó por primera vez, algunos pensaron que el tren se dirigía hacia ellos. Los espectadores de las primeras filas se asustaron y salieron corriendo del cine.

DENTRO DEL PROYECTOR

Winsor McCay era dibujante de cómic a principios del siglo XX. Quería combinar su estilo artístico con la animación. Un año y 10,000 hojas de papel después, McCay había creado una película de diez minutos.

Como en los folioscopios, cada imagen se dibujó de manera que fuese algo diferente a la anterior. Después de terminar cada dibujo, se tomaba una fotografía. Luego se revelaba la fotografía. Finalmente, se mostraba en una pantalla con un proyector. Esta fue la primera vez que se hizo. La película encantó al público. Fue uno de los primeros pasos en el camino hacia la animación moderna.

Conozcan a Gertie

El personaje animado más famoso de McCay fue un tímido dinosaurio llamado Gertie. Cuanto terminó el corto, McCay proyectó su película, *Gertie el dinosaurio,* ante un público. Algunas personas buscaron tras la pantalla los hilos que movían al dinosaurio. ¡No podían creer lo que veían!

Gertie el dinosaurio

Ha nacido una estrella

Gertie fue el primer personaje protagonista
creado específicamente para una película.
Antes, los artistas habían usado personajes que
aparecían en las tiras cómicas de los periódicos.

13

POCO A POCO

McCay tuvo que dejar la animación durante muchos años. Cuando volvió al oficio, fue uno de los primeros en crear películas con la técnica de la animación por **celdas**. Una celda es una lámina transparente de **acetato de celulosa**. El animador hace un dibujo en la lámina superior. Como es transparente, puede colocarse sobre otra celda. La primera celda puede mostrar a un personaje. La segunda, el **fondo**. Ambas capas se fotografían juntas. Esto constituye una sola **viñeta** de una película. Con esta técnica, se ahorró tiempo. Los animadores no tenían que dedicar semanas a dibujar los fondos u otros elementos pequeños.

animador con una celda en la mano

Los primeros dibujos animados de Mickey Mouse y *Los Simpson* también se hicieron con animación por celdas.

Los dibujos cobran realismo

Al principio, era difícil conseguir que los personajes de los dibujos animados se moviesen como las personas. El animador Max Fleischer solucionó el problema a principios del siglo XX, cuando inventó el **rotoscopio**. El término *rotoscopiar* sigue usándose para describir un proceso informático en la actualidad. En este proceso, las secuencias reales se cubren con animación **digital**.

cristal

proyector

rotoscopio

El rotoscopio proyecta secuencias reales, fotograma a fotograma, en la parte trasera de un cristal esmerilado.

La celda se coloca sobre el cristal. El artista dibuja sobre las imágenes reales. El resultado es un personaje que se mueve como una persona.

Historia de la animación

Desde que el primer artista trató de crear imágenes en movimiento, la animación siempre ha sido mucho más que convertir trazos en historias que se mueven.

1834

El matemático británico William George Horner inventa el zoótropo.

1868

John Barnes Linnett patenta el folioscopio.

1914

Earl Hurd y J.R. Bray desarrollan el proceso de animación por celdas.

1917

Max Fleischer patenta el rotoscopio.

1889

1911

Se inventa el cinetoscopio en el
laboratorio de Thomas Edison con
película de celuloide.

Winsor McCay crea
una de las primeras
secuencias animadas.

1951

1995

La televisión en
color aparece en los
Estados Unidos.

Llega *Toy Story*, la primera película
en tres dimensiones totalmente
creada por computadora.

IMÁGENES EN MOVIMIENTO

¡Zap! ¡Paf! ¡Boing! Millones de niños se levantan temprano los sábados para ver los dibujos animados. Estos programas pueden parecer algo sencillo, pero incluso hoy se invierte mucho trabajo en crear estas pequeñas obras maestras. Se necesita un equipo de artistas para producir un solo minuto de acción. Pueden tardarse meses en crear un programa de 30 minutos. ¡Puede llevar hasta algunos años!

Como en cualquier equipo, cada miembro tiene un talento diferente. Algunos son artistas que hacen los dibujos. Otros, guionistas. Algunos prefieren trabajar digitalmente. Otros usan lápiz y papel. Lo importante es que trabajen en equipo para hacer sonreír al público.

Un animador hace un boceto de un personaje de *Los reyes de la colina*.

"LA ANIMACIÓN NO SOLO IMPLICA DAR MOVIMIENTO A LAS COSAS, SINO TAMBIÉN, MÁS PROFUNDAMENTE, HACER QUE COBREN VIDA".

—A.O. SCOTT, CRÍTICO DE CINE

ÉRASE UNA VEZ

Cada dibujo animado comienza con una idea. Los guionistas se reúnen. Hablan de las historias que pueden contar en un programa de televisión. Deciden un **argumento** para el primer capítulo. El argumento cuenta la historia en unas pocas frases cortas. Esto ayudará a vender la idea a las personas clave del estudio. El **productor** debe dar el visto bueno al argumento de los nuevos dibujos animados.

Tras el visto bueno, la historia debe desarrollarse. Los guionistas quizá hagan un esquema y vayan añadiendo detalles sobre la marcha. Luego escriben la historia en forma de **guion**.

Inspiración vital

Los guionistas se inspiran en sus vidas para crear personajes e historias. Matt Groening, el creador de *Los Simpson,* llamó a Homer, Marge, Lisa y Maggie Simpson como sus padres y hermanas.

La planificación lleva más tiempo al principio, pero es una parte importante del proceso creativo. La planificación y la revisión del trabajo ayudan a los artistas a estar contentos con el resultado final.

Unos animadores hablan de una nueva idea.

21

DESARROLLO DE LOS PERSONAJES

Cuando crean el guion, los guionistas deben pensar en los personajes y el contexto. La historia necesita una introducción, un problema, una solución y una conclusión. Los guionistas también prestan atención a la **voz.** No solo se trata de la forma de hablar de los personajes. Es cómo se cuenta la historia. La elección del vocabulario, el ritmo de los acontecimientos y la personalidad de cada personaje constituyen la voz del guion.

¿Dónde estoy?

Al pensar en el contexto, hay que tener en cuenta mucho más que la ubicación. Los guionistas consideran la época histórica, incluidos los inventos o la tecnología de ese período. También piensan en el clima. Un día soleado encaja con una escena feliz. Unas nubes negras o el cielo nocturno pueden encajar mejor con una escena de enfado.

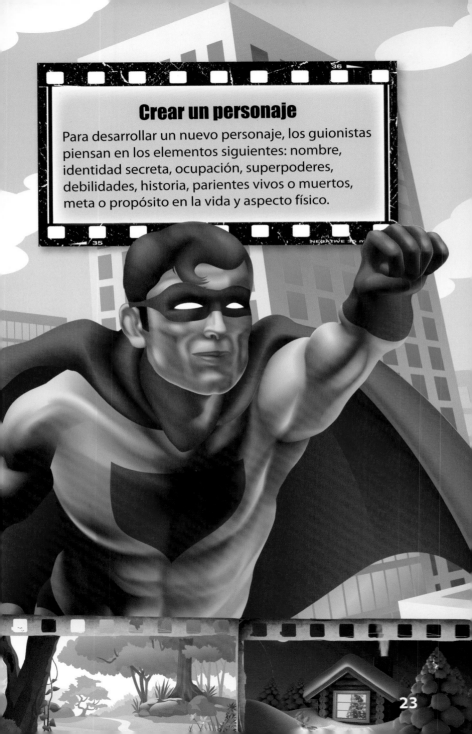

Crear un personaje

Para desarrollar un nuevo personaje, los guionistas piensan en los elementos siguientes: nombre, identidad secreta, ocupación, superpoderes, debilidades, historia, parientes vivos o muertos, meta o propósito en la vida y aspecto físico.

GUION GRÁFICO

Una vez que se redacta el guion, los artistas de **guion gráfico** deciden qué partes de la historia son más importantes. Este proceso transforma las palabras en imágenes. Los artistas hacen dibujos pequeños para mostrar qué ocurre en cada momento de la historia. Luego, los dibujos se alinean en un gran panel. Es una forma fácil de comprobar si la historia tiene sentido.

En la década de 1920, se usaron "bocetos de guion" para planificar *Steamboat Willie*, el primer corto oficial de Mickey Mouse.

Inventar historias

Hoy en día el uso del guion gráfico es habitual. No obstante, cuando empezó a utilizarse, en la década de 1930, fue un gran paso. Ahorraba tiempo y ayudaba a planificar las escenas. Webb Smith fue el primero en usar guiones gráficos para crear dibujos animados.

Los artistas de Disney fueron de los primeros en usar guiones gráficos.

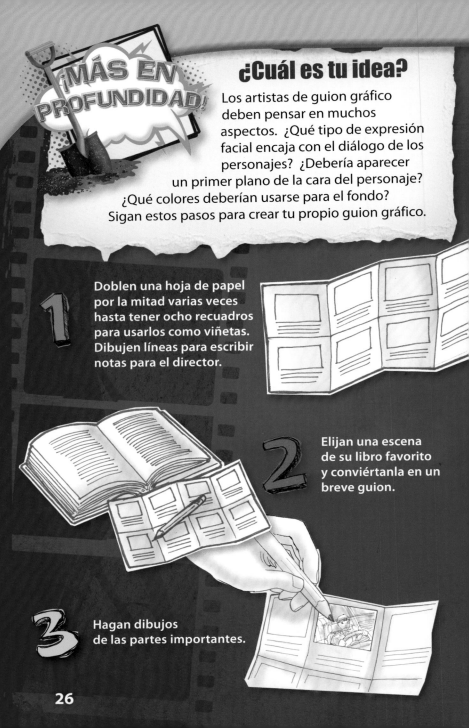

¿Cuál es tu idea?

Los artistas de guion gráfico deben pensar en muchos aspectos. ¿Qué tipo de expresión facial encaja con el diálogo de los personajes? ¿Debería aparecer un primer plano de la cara del personaje? ¿Qué colores deberían usarse para el fondo? Sigan estos pasos para crear tu propio guion gráfico.

1 Doblen una hoja de papel por la mitad varias veces hasta tener ocho recuadros para usarlos como viñetas. Dibujen líneas para escribir notas para el director.

2 Elijan una escena de su libro favorito y conviértanla en un breve guion.

3 Hagan dibujos de las partes importantes.

4 Piensen en la mejor manera de transmitir su idea al público. Por ejemplo, ¿cómo mostrarían que un personaje está contento o triste?

5 Usen una viñeta para resaltar un gesto o mostrar un primer plano.

6 Revisen el guion gráfico para visualizar el resultado de la animación. ¿Hay algo que añadir o eliminar?

LAS VOCES

La **producción** está en marcha. Los artistas han imaginado cómo será la película. Ahora hay que añadir el sonido. Este hace que los dibujos sencillos cobren vida. Los actores prestan sus voces a los personajes. Las voces las graban los **técnicos de sonido**. Los **productores musicales** supervisan el trabajo en un estudio de grabación. Los actores encargados de las voces se eligen cuidadosamente para que encajen con el papel.

Los actores practican leyendo el guion. Encuentran la mejor manera de decir su texto. Un pequeño cambio puede hacer que algo suene más conmovedor. Finalmente, van al estudio y graban su texto.

¿Qué hay de nuevo, viejo?

Aunque nunca hayan oído hablar de Mel Blanc, seguramente hayan escuchado su voz. Durante décadas, fue la voz de decenas de personajes de dibujos animados de la Warner Brothers. Bugs Bunny, el Pato Lucas, Piolín y Pepe Le Pew son solo unos cuantos. Su gran talento y su sentido de la oportunidad le granjearon su apodo: el hombre de las mil voces.

Dado que las historias animadas pueden tener lugar en sitios extraños y sorprendentes, los actores pueden leer a veces textos que no dirían en ningún otro lugar.

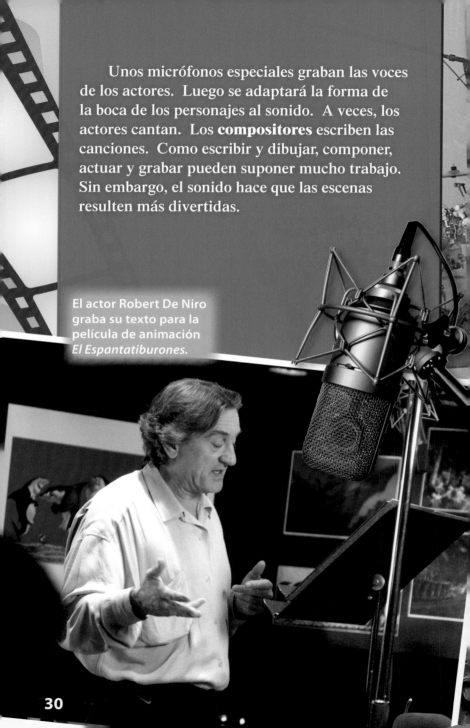

Unos micrófonos especiales graban las voces de los actores. Luego se adaptará la forma de la boca de los personajes al sonido. A veces, los actores cantan. Los **compositores** escriben las canciones. Como escribir y dibujar, componer, actuar y grabar pueden suponer mucho trabajo. Sin embargo, el sonido hace que las escenas resulten más divertidas.

El actor Robert De Niro graba su texto para la película de animación *El Espantatiburones.*

Canciones pegadizas

La Cartoon Network tiene un estudio de grabación al lado de sus estudios de animación. Los artistas, los actores, los productores y los músicos trabajan codo con codo para crear excelentes dibujos y bandas sonoras para sus producciones.

36

35

NEGATIVE 35 mm

La música cuenta

Los temas musicales hacen que los dibujos animados comiencen de forma divertida. La canción apropiada puede determinar el tono de todo el programa. ¡Y las más pegadizas son difíciles de olvidar!

CÓMO SE MUEVE LA BOCA

Cuando hablamos, nuestra boca adquiere diferentes formas. Cada una se corresponde con un sonido distinto. Por ejemplo, cuando alguien pronuncia la *o* de la palabra inglesa *boat*, la boca adquiere la forma redonda de la *o*. Los sonidos *b* y *t* de *boat* dan formas diferentes a la boca. Cada sonido específico es un **fonema**.

Los animadores usan fonemas para hacer que los personajes muevan la boca igual que las personas cuando hablan. Hacen dibujos de la boca de cada personaje pronunciando los diferentes sonidos. Cuando se graban y se reproducen rápido, parecen bocas que hablan.

Tabla de fonemas y bocas

/ă/ como en *mat*

/ēē/ como en *cheese*

/m/ como en *milk*

Experimento

Vean una película de animación. Repitan lo que dicen los personajes frente a un espejo. Observen el movimiento de la boca. Después, compárenlo con el movimiento de la boca del personaje. ¿Ha hecho bien su trabajo el animador? ¿Coincide la forma de la boca con la del personaje?

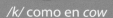
/k/ como en *cow*

/ō/ como en *no*

/w/ como en *water*

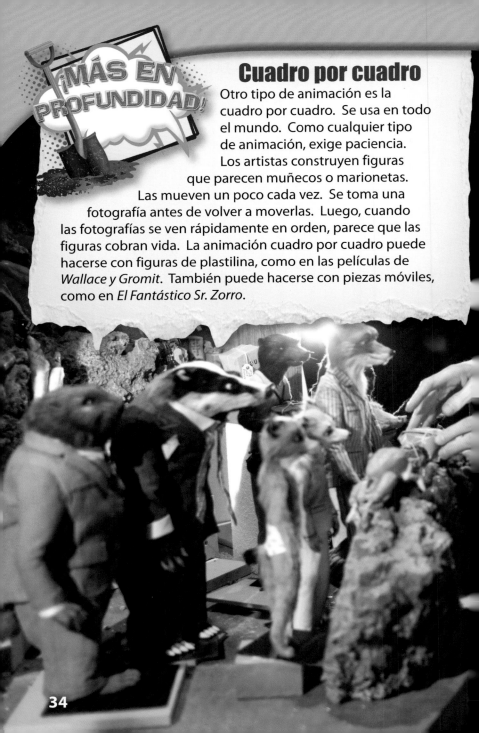

Cuadro por cuadro

Otro tipo de animación es la cuadro por cuadro. Se usa en todo el mundo. Como cualquier tipo de animación, exige paciencia. Los artistas construyen figuras que parecen muñecos o marionetas. Las mueven un poco cada vez. Se toma una fotografía antes de volver a moverlas. Luego, cuando las fotografías se ven rápidamente en orden, parece que las figuras cobran vida. La animación cuadro por cuadro puede hacerse con figuras de plastilina, como en las películas de *Wallace y Gromit*. También puede hacerse con piezas móviles, como en *El Fantástico Sr. Zorro*.

El director Wes Anderson arregla el traje de un personaje en el plató de *El Fantástico Sr. Zorro*.

Plastimación

La animación realizada con objetos de plastilina con la técnica cuadro por cuadro se denomina *plastimación*. Los animadores deben colocar y fotografiar cada figura 24 veces para obtener 1 segundo de película.

Cuando los animadores usan la técnica cuadro por cuadro, crean varias versiones de la cabeza de cada personaje. Mueven las caras para crear distintas expresiones y fonemas.

CREAR UN MUNDO

La zona detrás de los protagonistas es el fondo. Crea el ambiente y nos informa acerca de dónde tiene lugar la historia. Los artistas dibujan el paisaje con estilos muy diferentes. Eligen colores y formas que ayudan a contar la historia de maneras que el público quizá no perciba inmediatamente.

La **utilería** son objetos como juguetes, sillas, bicicletas y otras cosas que el personaje puede usar en una escena. Los artistas de utilería y fondo pasan el tiempo dibujando y pintando imágenes con papel, lápices, pintura y computadoras. El paisaje y la utilería se colocan en capas digitalmente alrededor de los personajes.

Sobre el terreno

Cuando los animadores buscan inspiración, recurren a la realidad. Si tienen que estudiar animales, van al zoológico. Incluso pueden ir de safari en África. Es lo que hicieron algunos animadores antes de trabajar en *El rey león*. Estudiaron los movimientos y las costumbres de los leones y otros animales salvajes. Este estudio les dio la inspiración que necesitaban para contar una gran historia.

La importancia del detalle

Los personajes son las estrellas de los dibujos animados, pero el fondo y la utilería pueden ayudar a dar vida a la historia. Añadir los detalles apropiados hace que los elementos resulten más creíbles.

NEGATIVE 35 mm.

Observen detenidamente el fondo de unos dibujos animados. Para divertirse, los animadores a veces incluyen imágenes escondidas que no pertenecen a la escena.

ANIMATICS

Un **animatic** es un tipo de guion gráfico en movimiento. A una serie de bocetos se le añade una banda sonora sin pulir. Esto ayuda a los animadores a ver cuál será el resultado del conjunto. Puede ser difícil saber cómo será la película cuando esté terminada. Los *animatics* ayudan a detectar problemas. Si la historia es demasiado rápida o demasiado lenta, se puede arreglar antes de que la animación esté terminada. Los animadores usan los *animatics* para ver cómo avanza el proyecto durante la producción.

¡Es *Toontastic*!

Hoy en día es más fácil que nunca convertirse en animador. Los programas informáticos y las aplicaciones proporcionan a los artistas todas las herramientas que necesitan para contar una historia. La aplicación *Toontastic* permite a los niños animar imágenes y añadir música para contar historias originales. ¡Hasta pueden animar sus propios dibujos!

En algunos DVD se incluyen los *animatics* originales para que los espectadores puedan verlos y compararlos con el resultado final.

Que parezca natural

Frank Thomas y Ollie Johnston fueron dos de los primeros grandes animadores de Walt Disney Studios en la década de 1930. Crearon una lista de principios de animación que hacen que los dibujos de movimiento parezcan más reales. Estas son algunas directrices.

Al aplastar y estirar se da peso y volumen a los objetos o personajes cuando se mueven.

La anticipación es un movimiento que ayuda a los espectadores a saber qué acción va a producirse. Piensen en el movimiento preparatorio de un lanzador de béisbol o un jugador de golf.

Se **marca el movimiento** cuando un personaje deja de moverse pero las partes más pequeñas como el pelo, la ropa o unas orejas caídas siguen moviéndose.

Una **acción secundaria** es otra acción que complementa el movimiento principal cuando tiene lugar. Cuando se mueve el cuerpo de un personaje, también lo hacen otras partes más pequeñas. Los brazos se balancean, la crin del caballo salta o quizá una falda se mueve.

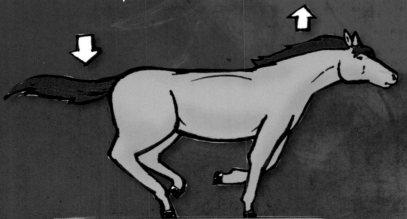

INDICACIONES CON UNA X

El director de animación supervisa la historia, los personajes, la utilería, los fondos y los *animatics*. Es un gran trabajo, y es importante hacerlo bien. Ahora hay que preparar la **hoja de exposición**. Esta indica cómo dibujar cada acción en la historia. Muestra cómo y cuándo dibujar la forma de la boca para que encaje con el texto grabado. Lo más importante es que indica lo que ocurre en cada momento de los dibujos animados.

Tras preparar la hoja de exposición, se envía al siguiente grupo de animadores. Estos empiezan a dibujar los dibujos completos, viñeta a viñeta. Cada una cambia un poco respecto a la anterior. Cuando estas imágenes fijas se alinean en una película y proyectan, tendrán animación.

La importancia de la práctica

No todos los animadores van a una escuela de artistas. Muchos aprenden copiando los dibujos de otros. John Kricfalusi, el creador de *Ren & Stimpy,* es autodidacta. Cuando era pequeño, practicaba copiando dibujos de periódicos y libros de cómic.

Una hoja de exposición

Cada columna muestra una capa diferente de la animación, como el fondo, la utilería o los personajes.

El animador anota el diálogo de cada escena.

El animador escribe notas en la columna de la izquierda sobre cómo deberá desarrollarse la acción.

Estas notas dirigen la cámara e indican cuándo hacer primeros planos.

Gestión de proyectos

Hay que planificar muy bien cada proyecto de animación. El director debe saber cuánto tiempo durará el proyecto y planificar el tiempo con el equipo en función de eso. Cada miembro del equipo debe saber cuál es su función y cuáles son los plazos. Aquí tienen un plan de producción.

Clave	
Azul oscuro=preproducción	
Azul claro=producción	
Violeta=posproducción	

Mes	enero	febrero	marzo	abril	mayo	junio	julio	agosto	septiembre	
Guion gráfico										
Animatics										
Animación										
Efectos de sonido										
Proyección de prueba										

Del lápiz a la pantalla, hacer *Blancanieves y los siete enanitos* llevó tres años.

¿Cuántos meses durará este proyecto?

¿Por qué algunas partes llevan más tiempo que otras?

¿Qué fases parecen más importantes?

octubre	noviembre	diciembre	enero	febrero	marzo	abril	mayo	junio	julio	agosto	septiembre	octubre	noviembre	diciembre

POSPRODUCCIÓN

La posproducción tiene lugar cuando se ha terminado de escribir y dibujar. Los **editores** repasan la animación. Hacen correcciones. El **director artístico** ve los dibujos para ver si encajan con la idea original de la película. Los dibujos animados están casi terminados. No obstante, se comprueba que no haya ningún problema de última hora. La animación se ve sin sonido. Tras arreglar los errores y realizar los cambios, se añadirá el sonido.

El cantante de jazz

Fue la primera película no muda, lo que hizo que los espectadores pudiesen escuchar a los actores por fin.

Una escena de *Masha y el oso* se termina digitalmente.

epO4ᵕ11_1_136_cam
Focal Length: 75

frame 11 / 13
timecode 00:1

30   40   50   60   70

Walt Disney con una de las primeras versiones de Mickey Mouse

¡Una idea Disney!

Walt Disney y Ub Iwerks vieron *El cantante de jazz* y decidieron añadir sonido a sus dibujos. El protagonista de *Steamboat Willie* es Mickey Mouse.

36

35

NEGATIVE 35 mm

LA MEZCLA

Los dibujos sin sonido no son tan divertidos. La música y los **efectos de sonido** se mezclan para crear la banda sonora completa. La música se compone y se graba. Los efectos de sonido, como los portazos, los zapatazos y el timbre del teléfono, también se graban en el estudio. La mezcla crea tensión. Hace que los espectadores se sientan asustados o felices, nerviosos o aliviados. Los efectos de sonido deben estudiarse mucho. Sin embargo, la música y los sonidos dan vida a los dibujos animados.

La música marca la diferencia

La música ayuda al espectador a captar el ambiente de una escena. Si ocurre algo triste, el director añadirá música lenta a la película. Si los personajes están contentos, la música tendrá más ritmo y será más alegre. La música transmite enfado cuando sube el volumen y se vuelve estruendosa, o suspenso, si es lenta y persistente.

Como el personaje de *La guerra de las galaxias*, Darth Vader, muchos personajes tienen una música que hace que los espectadores sepan cuándo van a entrar en escena.

Leitmotivs

Una frase musical o melodía que suena cuando aparece un personaje determinado se llama *leitmotiv*. Quizá el mejor ejemplo sean las dos notas que suenan en *Tiburón* cuando el animal está cerca. En *La guerra de las galaxias,* Darth Vader también tiene su propio *leitmotiv*, llamado *La marcha imperial*. La malvada bruja de *El mago de Oz* tenía el mismo *leitmotiv* que la señorita Gulch, lo que relacionaba a ambos personajes.

36

35

NEGATIVE 35 mm

Creadores de ruidos

En los dibujos animados, la mayoría de los sonidos se crean. Las personas que se encargan de los efectos de sonido de los dibujos son los **técnicos de efectos de sonido.** Los producen con cualquier cosa que haga ruido. Los técnicos de efectos de sonido graban los ruidos mientras ven los dibujos, para que encajen con la imagen a la perfección.

El técnico de efectos de sonido deja caer monedas en un tambor para crear el sonido de la lluvia sobre un tejado metálico.

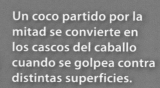

Un coco partido por la mitad se convierte en los cascos del caballo cuando se golpea contra distintas superficies.

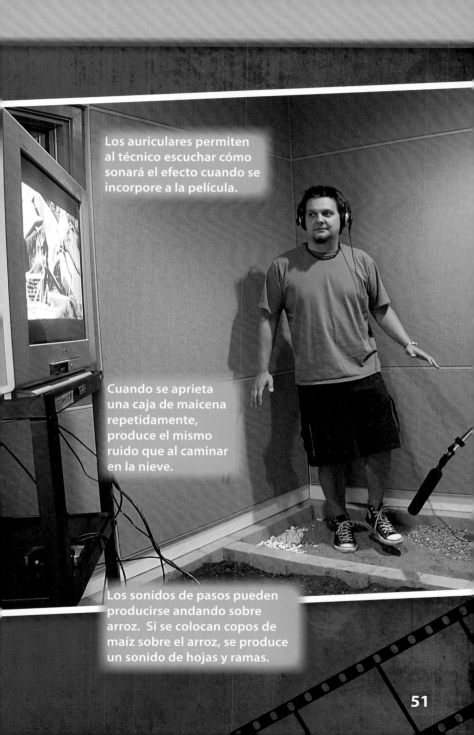

Los auriculares permiten al técnico escuchar cómo sonará el efecto cuando se incorpore a la película.

Cuando se aprieta una caja de maicena repetidamente, produce el mismo ruido que al caminar en la nieve.

Los sonidos de pasos pueden producirse andando sobre arroz. Si se colocan copos de maíz sobre el arroz, se produce un sonido de hojas y ramas.

51

PROBANDO, PROBANDO, UNO, DOS, TRES

Antes de proyectar la película para el gran público, se prueba primero con un grupo pequeño de personas. Los guionistas y los directores observan mientras el público de prueba ve la película. Quieren saber qué bromas causan más carcajadas. Ven si el público se aburre en determinadas partes. Al final, quizá hagan preguntas a los espectadores. Quieren saber si alguna parte resulta confusa. Los creadores de la animación quieren que los espectadores disfruten. Esta es la última oportunidad de introducir cambios. Pronto, millones de personas de todo el mundo podrán disfrutar con su creación.

espectadores de prueba

La emisión

Cuando se *emiten* los dibujos, se muestran al público por televisión. Algunos animadores no ven el resultado final hasta el día de la emisión. Lo ven por primera vez junto con el resto del mundo.

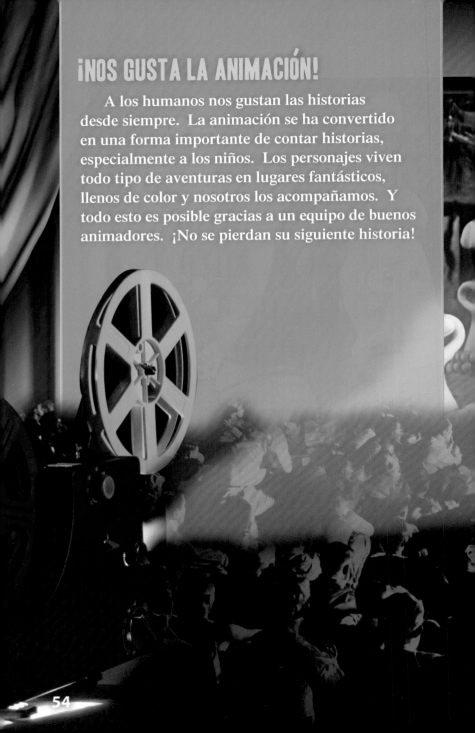

¡NOS GUSTA LA ANIMACIÓN!

A los humanos nos gustan las historias desde siempre. La animación se ha convertido en una forma importante de contar historias, especialmente a los niños. Los personajes viven todo tipo de aventuras en lugares fantásticos, llenos de color y nosotros los acompañamos. Y todo esto es posible gracias a un equipo de buenos animadores. ¡No se pierdan su siguiente historia!

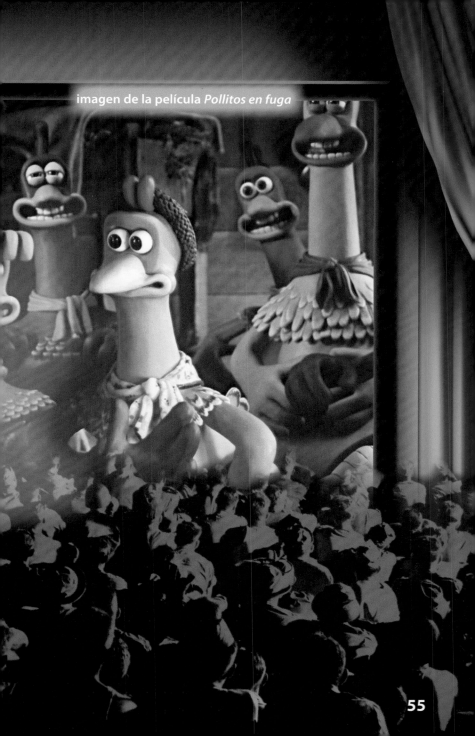

imagen de la película *Pollitos en fuga*

Conocemos a una animadora

Conocemos a la directora Paula Spence, de la Cartoon Network, un canal de televisión que emite dibujos animados prácticamente las 24 horas del día, los 365 días del año. Se reunió con los escritores Blanca Apodaca y Michael Serwich para hablar acerca de por qué le gusta tanto su trabajo.

Michael: ¡Hola, Paula! Gracias por mostrarnos la Cartoon Network. ¿Cuál es su papel en la creación de los dibujos?

Paula: Superviso a los diseñadores y a los pintores, que dibujan y colorean los fondos, los personajes y la utilería de los dibujos. Enseño a los nuevos artistas a adecuarse al estilo del programa. También me encargo de que dibujemos y pintemos todo lo necesario para terminar unos dibujos animados.

Blanca: ¿Cómo se preparó para trabajar en el mundo de la animación?

Paula: Fui a muchas clases de arte en la secundaria y la universidad. Tengo un título de **ilustración**, así que puedo dibujar cualquier cosa real o imaginaria. También he practicado con muchos estilos diferentes y esto es útil a la hora de cambiar de programa, ya que los animadores debemos ser flexibles y creativos. Es bueno ser organizado, especialmente a la hora de encargarse de todos los artistas del programa y asegurarse de que se hace todo el trabajo.

Michael: ¿Qué es lo que más le gusta de su trabajo?

Paula: Me encanta trabajar con los artistas y los guionistas. Todos son creativos y únicos, así que cada día es una nueva aventura.

GLOSARIO

acetato de celulosa: material del que está hecha una película

animatic: serie de imágenes fijas proyectadas con diálogo o música que muestran más o menos cómo será un proyecto de animación una vez terminado

argumento: presentación breve de una historia o idea

celda: hoja transparente en la que dibujan los animadores

cinetógrafo: uno de los primeros aparatos para grabar imágenes en movimiento

cinetoscopio: aparato que muestra una serie de imágenes que se mueven rápido para dar sensación de movimiento

compositores: personas que componen música de forma profesional

digital: tecnología electrónica e informática

director artístico: persona que trabaja con otros artistas para idear una película

editores: personas que añaden o eliminan elementos en una película o video para mejorar la historia

efectos de sonido: cualquier sonido, aparte de la música o el habla, usado para crear un efecto en una película

folioscopio: hojas de papel con dibujos que, al pasarlas rápido, crean la ilusión de movimiento

fondo: parte de una escena más alejada del espectador

fonema: sonidos independientes producidos al hablar

guion: plan escrito de una historia

guion gráfico: serie de dibujos pegados en un tablero que muestran cómo se desarrollará la acción en una película de animación

hoja de exposición: formulario que describe y dirige la acción, el diálogo, el sonido y las cámaras en un proyecto de animación

ilustración: dibujos de imágenes o personajes

patentado: derecho exclusivo de fabricación, uso o venta de un invento durante varios años

producción: acción o proceso de dibujo y grabación de un nuevo proyecto

productor: persona que supervisa todos los aspectos de la producción, incluidos los aspectos creativos, financieros y técnicos

productores musicales: personas que supervisan el trabajo en un estudio de grabación

rotoscopio: pieza de un equipo que permite a los animadores proyectar imágenes reales de fotograma en fotograma en cristal esmerilado

técnicos de efectos de sonido: personas que crean efectos de sonido para los dibujos animados

técnicos de sonido: personas que supervisan la grabación de sonidos o música

utilería: objetos que no son muebles ni vestuario

viñeta: dibujo de una tira cómica

voz: forma de contar la historia a través de la elección de palabras, el ritmo y la personalidad de los personajes

zoótropo: cilindro que hace que las imágenes parezcan moverse cuando se gira

ÍNDICE

BIBLIOGRAFÍA

Cohn, Jessica. *Animator.* **Gareth Stevens Publishing, 2009.**

Aprendan cómo los animadores crean las películas, los videojuegos y los dibujos que tanto les gustan. Descubran cuánto ganan y cómo se preparan para esta profesión creativa.

Gray, Milton. *Cartoon Animation: Introduction to a Career.* **Lion's Den Publication, 1991.**

Descubran más aspectos de la profesión de animador. Aprenderán qué material se necesita, a dibujar y animar y recibirán consejos de los mejores animadores.

Lenburg, Jeff y Chris Bailey. *The Encyclopedia of Animated Cartoons.* **Checkmark Books, 2008.**

Esta es la mejor guía sobre dibujos animados. Aprendan acerca de todos los trabajos relacionados con la creación de un dibujo animado, desde el comienzo hasta el final. También conocerán una breve historia de la animación estadounidense y descubrirán una guía de referencia en la que aparecen todos los personajes de dibujos animados que existen.

Priebe, Ken A. *The Art of Stop-Motion Animation.* **Course Technology, 2006.**

La animación cuadro por cuadro es una forma de arte que encanta a los espectadores. En este libro, aprenderán la historia de la animación cuadro por cuadro y a crear su propia animación con esta técnica.

MÁS PARA EXPLORAR

The Origins of American Animation
http://memory.loc.gov/ammem/oahtml/oahome.html

Aprendan acerca de los primeros tipos de animación estadounidenses, de la plastilina y las marionetas a la animación con recortes y a lápiz.

Pixar Animation Studio
http://www.pixar.com/behind_the_scenes

Descubran cómo se hace una obra maestra. Aquí aprenderán acerca de las fases de las películas de Pixar hasta que se obtiene el resultado final.

ABCya
http://www.abcya.com/animate.htm

Creen su propio dibujo animado. Aprendan los fundamentos de la animación por computadora al crear su propio dibujo animado, que podrán guardar y mostrar a sus amigos y su familia. Pueden empezar con algo sencillo, como animar una pelota que rebota o recrear una escena de su libro favorito.

On the Move
http://www.nga.gov/kids/stella/activityflip.htm

Aquí encontrarán todo lo necesario para crear un folioscopio. También encontrarán consejos y trucos para convertir su folioscopio en un tipo de animación más avanzado por computadora.

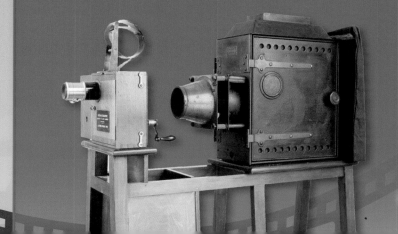

ACERCA DE LOS AUTORES

Michael Serwich es un marionetista y actor profesional. Tiene un título de dramaturgia de la De Paul University. Escribe y presenta programas de marionetas en el Museo de Historia Natural de Los Ángeles. Su marioneta favorita es un joven T. Rex de tamaño natural llamado Hunter.

Blanca Apodaca ilustra libros y crea arte para niños y adultos. Es la autora e ilustradora de *Smally's Secret Alphabook*. También compuso y tocó música para dos discos.

Juntos, Blanca y su esposo, Michael, escriben historias y preparan espectáculos de marionetas, pero su mejor creación siempre será su hija, Melody.